AF366047

COMPTES-FAITS

POUR LA VENTE ET L'ACHAT

DES

COCONS

RÉDUISANT EN UNE SEULE MULTIPLICATION LES CINQ OPÉRATIONS QUE NÉCESSITE LA DÉDUCTION DES DOUBLES

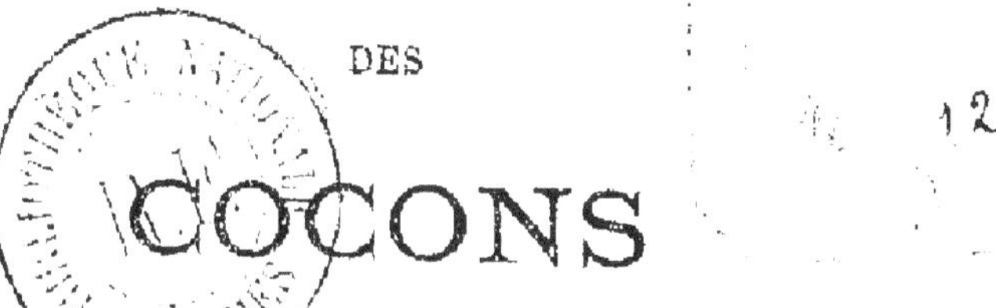

PAR M. ULDORIC SABATIER

Peseur public au Thor

*Approuvés par M. Président de la Chambre
de Commerce d'Avignon*

Première Edition.

EN VENTE

A L'IMPRIMERIE A. ROUX, RUE BOUQUERIE, 7

A AVIGNON

ET

CHEZ LES PRINCIPAUX LIBRAIRES 

Avignon. — Typ. A. Roux.

PRÉFACE

Le mode de calcul employé pour la vente et l'achat des Cocons avec déductions des *doubles* est long et peu sûr. J'ai voulu le simplifier et, après de nombreuses recherches, j'ai pu le réduire à une seule multiplication, opération facile et d'une exactitude parfaite. Mon système permet aussi d'opérer rapidement et sûrement lorsque les achats ne se font pas avec déduction de doubles

J'ai soumis ma méthode à la Chambre de Commerce d'Avignon et à un grand nombre

de Négociants haut placés qui ont bien voulu
l'approuver après en avoir reconnu le mérite.
Fort de cet encouragement, je n'hésite pas à la
publier, et j'ai ainsi la certitude d'être utile à
la majeure partie de nos populations.

Uldéric SABATIER.

Le Thor, 1ᵉʳ mai 1874

(Voir plus loin divers Exemples.)

Monsieur Cidéric Sabatier,

J'ai examiné avec intérêt le travail que vous m'avez communiqué relatif au décompte du prix de vente des cocons, déduction faite des doubles, qui donne lieu à des opérations assez nombreuses et compliquées, et qui, par votre système de *Comptes-faits*, ne nécessite plus qu'une simple multiplication (opération à la portée de tous), dont le résultat donne, à la fois, le prix des cocons fins et celui des doubles.

Puisque vous avez bien voulu me demander mon appréciation sur votre travail, je suis heureux de vous donner ce témoignage que vous avez fait une œuvre utile, qui se recommande à l'attention de toutes les personnes qui s'occupent du commerce des cocons, par la substitution d'une seule opération simple, rapide et certaine, à un travail compliqué, minutieux et sujet à erreurs.

J'espère et je souhaite que les personnes à qui vous le soumettrez, en apprécieront, comme moi, les avantages.

Recevez, Monsieur, l'assurance de ma considération distinguée.

Le Président de la Chambre de Commerce,

J. VALABRÈGUE.

PREMIER EXEMPLE

—

Système ordinaire.

<table>
<tr><td></td><td>46 k. 2 h.</td><td>7 0/0 doubles.</td></tr>
<tr><td>Multipliés par</td><td>7</td><td></td></tr>
</table>

Doubles 3.234

Les fins 3 fr.
Les doubles 1 fr.

De   46.200
Déduire   3.234

Reste fins   42.966
à fr.   3

128.898 montant des fins.
3.234 montant des doubles.

132.132 total.

(Les doubles à 1 fr. on ne multiplie pas.)

Système nouveau.

46 k. 2 h.
Multipliés par   286

2.772
36.96
92.4

132.132

(Même résultat.)

DEUXIEME EXEMPLE

—

Système ordinaire,

	52 k. 4 h.	9 0/0 doubles. .
Multipliés par	9	

Doubles	4.716

Les fins 3 fr. 75
Les doubles 1 fr.

De	52.400
Déduire	4.716

Reste fins	47.684
à fr.	3.75

    2.38.420
   33.37.88
  143.05.2

  178.81.500 montant des fins.
    4.71.600 montant des doubles.

  183.53.100 total.

___

Système nouveau.

	52 k. 4 h.	
Multipliés par	35025	

    2.620
   10.48
   26.20.0
  157.2

  183.53.100 *(Même résultat.)*

TROISIÈME EXEMPLE

Système ordinaire.

```
                      65 k.        12 0/0 doubles.
Multipliés par    12
                ─────────────────────────────────────
                     1.30      Les fins à 4 fr. 25.
                     6.5       Les doubles 1 fr.
                ──────────
Doubles          7.80
                ══════════
        De       65.0
   Déduire        7.8
                ──────────
Reste fins       57.2
     à fr.        4.25
                ──────────
                  2.86.0
                 11.44
                2.28.8
                ──────────
                243.100     montant des fins.
                  7.80      montant des doubles.
                ──────────
                250.90      total.
```

Système nouveau.

```
                     65 k.
Multipliés par     386
                ──────────
                   3.90
                  52.0
                 195
                ──────────
                250.90        (Même résultat.)
```

QUATRIEME EXEMPLE

Système ordinaire.

	78 k. 6 h.	16 0/0 doubles.

Multipliés par   16

```
        4.716      Les fins 4 fr. 75.
        7.86       Les doubles 1 fr.
```

Doubles   12.576

```
  De      78.600
Déduire   12.576

Reste fins   66.024
    à fr.     4.75

        3.30.120
       46.21.68
      264.09.6

      313.61.400   montant des fins.
       12.57.6     montant des doubles.

      326.19.0     total.
```

Système nouveau.

```
            78 k. 6 h.
Multipliés par   415

          3.93.0
          7.86
        314.4

        326.19.0     (Même résultat.)
```

CINQUIÈME EXEMPLE

Système ordinaire.

85 k. 5 h.   9 0/0 doubles.

Multipliés par   9

Doubles   7.695   Les fins 5 fr. 30.
Les doubles 1 fr. 25.

De   85.500   Doubles 7 k. 695 gr.
Déduire   7.695   à fr. 1.25

Reste fins 77.805   38.475
à fr.   5.30   1.53.90
7.69.5

23.34.150
389.02.5   9.61.875

412.36.650 montant des fins.
9.61.875 montant des doubles.

421.98.525 total.

Système nouveau.

855
par   49355

4.275
42.75
2.56.5
76.95
342.0

421.98.525   *(Même résultat.)*

SIXIÈME EXEMPLE

Système ordinaire.

125 k. 6 h.	14 0/0 doubles.
Multipliés par 14	

```
          5.024      Les fins à 6 fr. 40.
         12.56       Les doubles 1 fr. 50.

Doubles  17.584

   De      125.6     Doubles   16.584
Déduire    17.584      à fr.     1.50

Reste fins 108.016      8.79.200
   à fr.      6.40     17.58.4

          43.20.640    26.37.600
         648.09.6

         691.30.240  montant des fins.
          26.37.60   montant des doubles.

         717.67.84   total.
```

Système nouveau,

```
           1256
      par  5714

          50.24
         1.25.6
         87.92
        628.0

        717.67.84      (Même résultat.)
```

SEPTIÈME EXEMPLE

—

Système ordinaire.

162 k. 3 h.   11 0/0 doubles

Multipliés par 11

```
            1.623          Les fins 6 fr. 85.
           16.23           Les doubles 1 fr. 75.

Doubles   17.853

   De      162.300         Doubles   17.853
Déduire     17.853            à fr.       1.75

 Fins     144.447                        89.265
   à fr.     6.85                      12.49.71
                                       17.85.3
           7.22.235
         115.55.76                     31.24.275
         866.68.2

         989.46.195   montant des fins.
          31.24.275   montant des doubles.

        1.020.70.470  total.
```

Système nouveau.

```
            1623
       par  62890

          1.46.070
         12.98.4
         32.46
         973.8

        1.020.70.470      (Même résultat.)
```

HUITIÈME EXEMPLE

—

Système ordinaire.

267 k.   18 0/0 doubles.

Multipliés par 18

21.36
26.7

Doubles   48.06

De	267.00
Déduire	48.06

| Fins | 218.94 |
| à fr. | 7.75 |

10.94.70
153.25,8
1.632.58

1.696.78.50   montant des fins.
96.12   montant des doubles.

1.792.90.50   total.

Les fins 7 fr. 75.
Les doubles 2 fr.

Doubles   48.08
à fr.   2

96.12

Système nouveau.

267

par   6715

1.33.5
2.67
186.9
1.602

1.792.90.5   (*Même résultat.*)

3 FRANCS LE KILO.	DOUBLES 1 fr.
1 pour 0/0	29800
2 —	29600
3 —	29400
4 —	29200
5 —	29000
6 —	28800
7 —	28600
8 —	28400
9 —	28200
10 —	28000
11 —	27800
12 —	27600
13 —	27400
14 —	27200
15 —	27000
16 —	26800
17 —	26600
18 —	26400
19 —	26200
20 —	26000

3 FRANCS 05 CENTIMES LE KILO.	DOUBLES 1 fr.
1 pour 0/0	30295
2 —	30090
3 —	29885
4 —	29680
5 —	29475
6 —	29270
7 —	29065
8 —	28860
9 —	28655
10 —	28450
11 —	28245
12 —	28040
13 —	27835
14 —	27630
15 —	27425
16 —	27220
17 —	27015
18 —	26810
19 —	26605
20 —	26400

3 FRANCS 10 CENTIMES	DOUBLES
LE KILO.	1 fr.
1 pour 0/0	30790
2 —	30580
3 —	30370
4 —	30160
5 —	29950
6 —	29740
7 —	29530
8 —	29320
9 —	29110
10 —	28900
11 —	28690
12 —	28480
13 —	28270
14 —	28060
15 —	27850
16 —	27640
17 —	27430
18 —	27220
19 —	27010
20 —	26800

3 FRANCS 15 CENTIMES LE KILO.	DOUBLES 1 fr.
1 pour 0/0...................	31285
2 —	31070
3 —	30855
4 —	30640
5 —	30425
6 —	30210
7 —	29995
8 —	29780
9 —	29565
10 —	29350
11 —	29135
12 —	28920
13 —	28705
14 —	28490
15 —	28275
16 —	28060
17 —	27845
18 —	27630
19 —	27415
20 —	27200

3 FRANCS 20 CENTIMES LE KILO.	DOUBLES 1 fr.
1 pour 0/0 . . . . :	31780
2 —	31560
3 —	31340
4 —	31120
5 —	30900
6 —	30680
7 —	30460
8 —	30240
9 —	30020
10 —	29800
11 —	29580
12 —	29360
13 —	29140
14 —	28920
15 —	28700
16 —	28480
17 —	28260
18 —	28040
19 —	27820
20 —	27600

3 FRANCS 25 CENTIMES LE KILO.	DOUBLES 1 fr.
1 pour 0/0	32275
2 —	32050
3 —	31825
4 —	31600
5 —	31375
6 —	31150
7 —	30925
8 —	30700
9 —	30475
10 —	30250
11 —	30025
12 —	29800
13 —	29575
14 —	29350
15 —	29125
16 —	28900
17 —	28655
18 —	28450
19 —	28225
20 —	28000

3 FRANCS 30 CENTIMES LE KILO.	DOUBLES 1 fr.
1 pour 0/0	32770
2 —	32540
3 —	32310
4 —	32080
5 —	31850
6 —	31620
7 —	31390
8 —	31160
9 —	30930
10 —	30700
11 —	30470
12 —	30240
13 —	30010
14 —	29780
15 —	29550
16 —	29320
17 —	29090
18 —	28860
19 —	28630
20 —	28400

3 FRANCS 35 CENTIMES	DOUBLES
LE KILO.	1 fr.
1 pour 0/0	33265
2 —	33030
3 —	32795
4 —	32560
5 —	32325
6 —	32090
7 —	31855
8 —	31620
9 —	31385
10 —	31150
11 —	30915
12 —	30680
13 —	30445
14 —	30210
15 —	29975
16 —	29740
17 —	29505
18 —	29270
19 —	29035
20 —	28800

3 FRANCS 40 CENTIMES LE KILO.	DOUBLES 1 fr.
1 pour 0/0	33760
2 —	33520
3 —	33280
4 —	33040
5 —	32800
6 —	32560
7 —	32320
8 —	32080
9 —	31840
10 —	31600
11 —	31360
12 —	31120
13 —	30880
14 —	30640
15 —	30400
16 —	30160
17 —	29920
18 —	29680
19 —	29440
20 —	29200

3 FRANCS 45 CENTIMES LE KILO.	DOUBLES 1 fr.
1 pour 0/0	34255
2 —	34010
3 —	33765
4 —	33520
5 —	33275
6 —	33030
7 —	32785
8 —	32540
9 —	32295
10 —	32050
11 —	31805
12 —	31560
13 —	31315
14 —	31070
15 —	30825
16 —	30580
17 —	30335
18 —	30090
19 —	29845
20 —	29600

3 FRANCS 50 CENTIMES LE KILO.	DOUBLES 1 fr.
1 pour 0/0	34750
2 —	34500
3 —	34250
4 —	34000
5 —	33750
6 —	33500
7 —	33250
8 —	33000
9 —	32750
10 —	32500
11 —	32250
12 —	32000
13 —	31750
14 —	31500
15 —	31250
16 —	31000
17 —	30750
18 —	30500
19 —	30250
20 —	30000

3 FRANCS 55 CENTIMES LE KILO.	DOUBLES 1 fr.
1 pour 0/0	35245
2 —	34990
3 —	34735
4 —	34480
5 —	34225
6 —	33970
7 —	33715
8 —	33460
9 —	33205
10 —	32950
11 —	32695
12 —	32440
13 —	32185
14 —	31930
15 —	31675
16 —	31420
17 —	31165
18 —	30910
19 —	30655
20 —	30400

3 FRANCS 60 CENTIMES	DOUBLES
LE KILO.	1 fr.
1 pour 0/0	35740
2 —	35480
3 —	35220
4 —	34960
5 —	34700
6 —	34440
7 —	34180
8 —	33920
9 —	33660
10 —	33400
11 —	33140
12 —	32880
13 —	32620
14 —	32360
15 —	32100
16 —	31840
17 —	31580
18 —	31320
19 —	31060
20 —	30800

3 FRANCS 65 CENTIMES LE KILO.	DOUBLES 1 fr.
1 pour 0/0	36235
2 —	35970
3 —	35705
4 —	35440
5 —	25175
6 —	34910
7 —	34645
8 —	34380
9 —	34115
10 —	33850
11 —	34585
12 —	33320
13 —	33055
14 —	32790
15 —	32525
16 —	32260
17 —	31995
18 —	31730
19 —	31465
20 —	31200

3 FRANCS 70 CENTIMES LE KILO.	DOUBLES 1 fr.
1 pour 0/0	36730
2 —	36460
3 —	36190
4 —	35920
5 —	35650
6 —	35380
7 —	35110
8 —	34840
9 —	34570
10 —	34300
11 —	34030
12 —	33760
13 —	33490
14 —	33220
15 —	32950
16 —	32680
17 —	32410
18 —	32140
19 —	31870
20 —	31600

3 FRANCS 75 CENTIMES LE KILO.	DOUBLES 1 fr.
1 pour 0/0	37225
2 —	36950
3 —	36675
4 —	36400
5 —	36125
6 —	35850
7 —	35575
8 —	35300
9 —	35025
10 —	34750
11 —	34475
12 —	34200
13 —	33925
14 —	33650
15 —	33375
16 —	33100
17 —	32825
18 —	32550
19 —	32275
20 —	32000

3 FRANCS 80 CENTIMES LE KILO.	DOUBLES 1 fr.
1 pour 0/0	37720
2 —	37440
3 —	37160
4 —	36880
5 —	36600
6 —	36320
7 —	36040
8 —	35760
9 —	35480
10 —	35200
11 —	34920
12 —	34640
13 —	34360
14 —	34080
15 —	33800
16 —	33520
17 —	33240
18 —	32960
19 —	32680
20 —	32400

3 FRANCS 85 CENTIMES LE KILO.	DOUBLES 1 fr.
1 pour 0/0	38215
2 —	37930
3 —	37645
4 —	37360
5 —	37075
6 —	36790
7 —	36505
8 —	36220
9 —	35935
10 —	35650
11 —	35365
12 —	35080
13 —	34795
14 —	34510
15 —	34225
16 —	33940
17 —	33655
18 —	33370
19 —	33085
20 —	32800

3 FRANCS 90 CENTIMES LE KILO.	DOUBLES 1 fr.
1 pour 0/0................	38710
2 —	38420
3 —	38130
4 —	37840
5 —	37550
6 —	37260
7 —	36970
8 —	36680
9 —	36390
10 —	36100
11 —	35810
12 —	35520
13 —	35230
14 —	34940
15 —	34650
16 —	34360
17 —	34070
18 —	33780
19 —	33490
20 —	33200

3 FRANCS 95 CENTIMES LE KILO.	DOUBLES 1 fr.
1 pour 0/0	39205
2 —	38910
3 —	38615
4 —	38320
5 —	38025
6 —	37730
7 —	37435
8 —	37140
9 —	36845
10 —	36550
11 —	36255
12 —	35960
13 —	35665
14 —	35370
15 —	35075
16 —	34780
17 —	34485
18 —	34190
19 —	33895
20 —	33600

4 FRANCS LE KILO.	DOUBLES 1 fr.
1 pour 0/0.....................	39700
2 —	39400
3 —	39100
4 —	38800
5 —	38500
6 —	38200
7 —	37900
8 —	37600
9 —	37300
10 —	37000
11 —	36700
12 —	36400
13 —	36100
14 —	35800
15 —	35500
16 —	35200
17 —	34900
18 —	34600
19 —	34300
20 —	34000

4 FRANCS 05 CENTIMES LE KILO.	DOUBLES 1 fr.
1 pour 0/0	40195
2 —	39890
3 —	39585
4 —	39280
5 —	38975
6 —	38670
7 —	38365
8 —	38060
9 —	37755
10 —	37450
11 —	37145
12 —	36840
13 —	36535
14 —	36230
15 —	35925
16 —	35620
17 —	35315
18 —	35010
19 —	34705
20 —	34400

4 FRANCS 10 CENTIMES LE KILO.	DOUBLES 1 fr.
1 pour 0/0	40690
2 —	40380
3 —	40070
4 —	39760
5 —	39450
6 —	39140
7 —	38830
8 —	38520
9 —	38210
10 —	37900
11 —	37590
12 —	37280
13 —	36970
14 —	36660
15 —	36350
16 —	36040
17 —	35730
18 —	35420
19 —	35110
20 —	34800

4 FRANCS 15 CENTIMES LE KILO.	DOUBLES 1 fr.
1 pour 0/0	41185
2 —	40870
3 —	40555
4 —	40240
5 —	39925
6 —	39610
7 —	39295
8 —	38980
9 —	38665
10 —	38350
11 —	38035
12 —	37720
13 —	37405
14 —	37090
15 —	36775
16 —	36460
17 —	36145
18 —	35830
19 —	35515
20 —	35200

4 FRANCS 20 CENTIMES LE KILO.	DOUBLES 1 fr.
1 pour 0/0	41680
2 —	41360
3 —	41040
4 —	40720
5 —	40400
6 —	40080
7 —	39760
8 —	39440
9 —	39120
10 —	38800
11 —	38480
12 —	38160
13 —	37840
14 —	37520
15 —	37200
16 —	36880
17 —	36560
18 —	36240
19 —	35920
20 —	35600

| 4 FRANCS 25 CENTIMES | DOUBLES |
LE KILO.	1 fr.
1 pour 0/0...................	42175
2 —	41850
3 —	41525
4 —	41200
5 —	40875
6 —	40550
7 —	40225
8 —	39900
9 —	39575
10 —	39250
11 —	38925
12 —	38600
13 —	38275
14 —	37950
15 —	37625
16 —	37300
17 —	36975
18 —	36650
19 —	36325
20 —	36000

4 FRANCS 30 CENTIMES LE KILO.	DOUBLES 1 fr.
1 pour 0/0.................	42670
2 —	42340
3 —	42010
4 —	41680
5 —	41350
6 —	41020
7 —	40690
8 —	40360
9 —	40030
10 —	39700
11 —	39370
12 —	39040
13 —	38710
14 —	38380
15 —	38050
16 —	37720
17 —	37390
18 —	37060
19 —	36730
20 —	36400

4 FRANCS 35 CENTIMES LE KILO.	DOUBLES 1 fr.
1 pour 0/0	43165
2 —	42830
3 —	42495
4 —	42160
5 —	41825
6 —	41490
7 —	41155
8 —	40820
9 —	40485
10 —	40150
11 —	39815
12 —	39480
13 —	39145
14 —	38810
15 —	38475
16 —	38140
17 —	37805
18 —	37470
19 —	37135
20 —	36800

4 FRANCS 40 CENTIMES LE KILO.	DOUBLES 1 fr.
1 pour 0/0	43660
2 —	43320
3 —	42980
4 —	42640
5 —	42300
6 —	41960
7 —	41620
8 —	41280
9 —	40940
10 —	40600
11 —	40260
12 —	39920
13 —	39580
14 —	39240
15 —	38900
16 —	38560
17 —	38220
18 —	37880
19 —	37540
20 —	37200

4 FRANCS 45 CENTIMES LE KILO.	DOUBLES 1 fr.
1 pour 0/0	44155
2 —	43810
3 —	43465
4 —	43120
5 —	42775
6 —	42430
7 —	42085
8 —	41740
9 —	41395
10 —	41050
11 —	40705
12 —	40360
13 —	40015
14 —	39670
15 —	39325
16 —	38980
17 —	38635
18 —	38290
19 —	37945
20 —	37600

4 FRANCS 50 CENTIMES LE KILO.	DOUBLES 1 fr.
1 pour 0/0	44650
2 —	44300
3 —	43950
4 —	43600
5 —	43250
6 —	42900
7 —	42550
8 —	42200
9 —	41850
10 —	41500
11 —	41150
12 —	40800
13 —	40450
14 —	40100
15 —	39750
16 —	39400
17 —	39050
18 —	38700
19 —	38350
20 —	38000

4 FRANCS 55 CENTIMES	DOUBLES
LE KILO.	1 fr.
1 pour 0/0	45145
2 —	44790
3 —	44435
4 —	44080
5 —	43725
6 —	43370
7 —	43015
8 —	42660
9 —	42305
10 —	41950
11 —	41595
12 —	41240
13 —	40885
14 —	40530
15 —	40175
16 —	39820
17 —	39465
18 —	39110
19 —	38755
20 —	38400

| 4 FRANCS 60 CENTIMES | DOUBLES |
LE KILO.	1 fr.
1 pour 0/0	45640
2 —	45280
3 —	44920
4 —	44560
5 —	44200
6 —	43840
7 —	43480
8 —	43120
9 —	42760
10 —	42400
11 —	42040
12 —	41680
13 —	41320
14 —	40960
15 —	40600
16 —	40240
17 —	39880
18 —	39520
19 —	39160
20 —	38800

4 FRANCS 65 CENTIMES LE KILO.	DOUBLES 1 fr.
1 pour 0/0	46135
2 —	45770
3 —	45405
4 —	45040
5 —	44675
6 —	44310
7 —	43945
8 —	43580
9 —	43215
10 —	42850
11 —	42485
12 —	42120
13 —	41755
14 —	41390
15 —	41025
16 —	40660
17 —	40295
18 —	39930
19 —	39565
20 —	39200

4 FRANCS 70 CENTIMES LE KILO.	DOUBLES 1 fr.
1 pour 0/0.....................	46630
2 —	46260
3 —	45890
4 —	45520
5 —	45150
6 —	44780
7 —	44410
8 —	44040
9 —	43670
10 —	43300
11 —	42930
12 —	42560
13 —	42190
14 —	41820
15 —	41450
16 —	41080
17 —	40710
18 —	40340
19 —	39970
20 —	39600

4 FRANCS 75 CENTIMES LE KILO.	DOUBLES 1 fr.
1 pour 0/0	47125
2 —	46750
3 —	46375
4 —	46000
5 —	45625
6 —	45250
7 —	44875
8 —	44500
9 —	44125
10 —	43750
11 —	43375
12 —	43000
13 —	42625
14 —	42250
15 —	41875
16 —	41500
17 —	41125
18 —	40750
19 —	40375
20 —	40000

4 FRANCS 80 CENTIMES LE KILO.	DOUBLES 1 fr.
1 pour 0/0	47620
2 —	47240
3 —	46860
4 —	46480
5 —	46100
6 —	45720
7 —	45340
8 —	44960
9 —	44580
10 —	44200
11 —	43820
12 —	43440
13 —	43060
14 —	42680
15 —	42300
16 —	41920
17 —	41540
18 —	41160
19 —	40780
20 —	40400

4 FRANCS 85 CENTIMES LE KILO.	DOUBLES 1 fr.
1 pour 0/0......................	48115
2 —	47730
3 —	47345
4 —	46960
5 —	46575
6 —	46190
7 —	45805
8 —	45420
9 —	45035
10 —	44650
11 —	44265
12 —	43880
13 —	43495
14 —	43110
15 —	42725
16 —	42340
17 —	41955
18 —	41570
19 —	41185
20 —	40800

4 FRANCS 90 CENTIMES LE KILO.	DOUBLES 1 fr.
1 pour 0/0	48610
2 —	48220
3 —	47830
4 —	47440
5 —	47050
6 —	46660
7 —	46270
8 —	45880
9 —	45490
10 —	45100
11 —	44710
12 —	44320
13 —	43930
14 —	43540
15 —	43150
16 —	42760
17 —	42370
18 —	41980
19 —	41590
20 —	41200

4 FRANCS 95 CENTIMES LE KILO.	DOUBLES 1 fr.
1 pour 0/0	49105
2 —	48710
3 —	48315
4 —	47920
5 —	47525
6 —	47130
7 —	46735
8 —	46340
9 —	45945
10 —	45550
11 —	45155
12 —	44760
13 —	44365
14 —	43970
15 —	43575
16 —	43180
17 —	42785
18 —	42390
19 —	41995
20 —	41600

5 FRANCS LE KILO.	DOUBLES 1 fr.	DOUBLES 1 fr. 25.
1 pour 0/0	49600	49625
2 —	49200	49250
3 —	48800	48875
4 —	48400	48500
5 —	48000	48125
6 —	47600	47750
7 —	47200	47375
8 —	46800	47000
9 —	46400	46625
10 —	46000	46250
11 —	45600	45875
12 —	45200	45500
13 —	44800	45125
14 —	44400	44750
15 —	44000	44375
16 —	43600	44000
17 —	43200	43625
18 —	42800	43250
19 —	42400	42875
20 —	42000	42500

5 FR. 05 CENT. LE KILO.	DOUBLES 1 fr.	DOUBLES 1 fr. 25.
1 pour 0/0............	50095	50120
2 —	49690	49740
3 —	49285	49360
4 —	48880	48980
5 —	48475	48600
6 —	48070	48220
7 —	47665	47840
8 —	47260	47460
9 —	46855	47080
10 —	46450	46700
11 —	46045	46320
12 —	45640	45940
13 —	45235	45560
14 —	44830	45180
15 —	44425	44800
16 —	44020	44420
17 —	43615	44040
18 —	43210	43660
19 —	42805	43280
20 —	42400	42900

5 FR. 10 CENT. LE KILO.	DOUBLES 1 fr.	DOUBLES 1 fr. 25.
1 pour 0/0	50590	50615
2 —	50180	50230
3 —	49770	49845
4 —	49360	49460
5 —	48950	49075
6 —	48540	48690
7 —	48130	48305
8 —	47720	47920
9 —	47310	47535
10 —	46900	47150
11 —	46490	46765
12 —	46080	46380
13 —	45670	45995
14 —	45260	45610
15 —	44850	45225
16 —	44440	44840
17 —	44030	44455
18 —	43620	44070
19 —	43210	43685
20 —	42800	43300

5 FR. 15 CENT. LE KILO.	DOUBLES 1 fr.	DOUBLES 1 fr. 25.
1 pour 0/0............	51085	51110
2 —	50670	50720
3 —	50255	50330
4 —	49840	49940
5 —	49425	49550
6 —	49010	49160
7 —	48595	48770
8 —	48180	48380
9 —	47765	47990
10 —	47350	47600
11 —	46935	47210
12 —	46520	46820
13 —	46105	46430
14 —	45690	46040
15 —	45275	45650
16 —	44860	45260
17 —	44445	44870
18 —	44030	44480
19 —	43615	44090
20 —	43200	43700

5 FR. 20 CENT. LE KILO.	DOUBLES 1 fr.	DOUBLES 1 fr. 25.
1 pour 0/0............	51580	51605
2 —	51160	51210
3 —	50740	50815
4 —	50320	50420
5 —	49900	50025
6 —	49480	49630
7 —	49060	49235
8 —	48640	48840
9 —	48220	48445
10 —	47800	48050
11 —	47380	47655
12 —	46960	47260
13 —	46540	46865
14 —	46120	46470
15 —	45700	46075
16 —	45280	45680
17 —	44860	45285
18 —	44440	44890
19 —	44020	44495
20 —	43600	44100

5 FR. 25 CENT. LE KILO.	DOUBLES 1 fr.	DOUBLES 1 fr. 25.
1 pour 0/0............	52075	52100
2 —	51650	51700
3 —	51225	51300
4 —	50800	50900
5 —	50375	50500
6 —	49950	50100
7 —	49525	49700
8 —	49100	49300
9 —	48675	48900
10 —	48250	48500
11 —	47825	48100
12 —	47400	47700
13 —	46975	47300
14 —	46550	46900
15 —	46125	46500
16 —	45700	46100
17 —	45275	45700
18 —	44850	45300
19 —	44425	44900
20 —	44000	44500

5 FR. 30 CENT. LE KILO.	DOUBLES 1 fr.	DOUBLES 1 fr. 25.
1 pour 0/0	52570	52595
2 —	52140	52190
3 —	51710	51785
4 —	51280	51380
5 —	50850	50975
6 —	50420	50570
7 —	49990	50165
8 —	49560	49760
9 —	49130	49355
10 —	48700	48950
11 —	48270	48545
12 —	47840	48140
13 —	47410	47735
14 —	46980	47330
15 —	46550	46925
16 —	46120	46520
17 —	45690	46115
18 —	45260	45710
19 —	44830	45305
20 —	44400	44900

5 FR. 35 CENT. LE KILO.	DOUBLES 1 fr.	DOUBLES 1 fr. 25.
1 pour 0/0	53065	53090
2 —	52630	52680
3 —	52195	52270
4 —	51760	51860
5 —	51325	51450
6 —	50890	51040
7 —	50455	50630
8 —	50020	50220
9 —	49585	49810
10 —	49150	49400
11 —	48715	48990
12 —	48280	48580
13 —	47845	48170
14 —	47410	47760
15 —	46975	47350
16 —	46540	46940
17 —	46105	46530
18 —	45670	46120
19 —	45235	45710
20 —	44800	45300

5 FR. 40 CENT. LE KILO.	DOUBLES 1 fr.	DOUBLES 1 fr. 25.
1 pour 0/0	53560	53585
2 —	53120	53170
3 —	52680	52755
4 —	52240	52340
5 —	51800	51925
6 —	51360	51510
7 —	50920	51095
8 —	50480	50680
9 —	50040	50265
10 —	49600	49850
11 —	49160	49435
12 —	48720	49020
13 —	48280	48605
14 —	47840	48190
15 —	47400	47775
16 —	46960	47360
17 —	46520	46945
18 —	46080	46530
19 —	45640	46115
20 —	45200	45700

5 FR. 45 CENT. LE KILO.	DOUBLES 1 fr.	DOUBLES 1 fr. 25.
1 pour 0/0............	54055	54080
2 —	53610	53660
3 —	53165	53240
4 —	52720	52820
5 —	52275	52400
6 —	51830	51980
7 —	51385	51560
8 —	50940	51140
9 —	50495	50720
10 —	50050	50300
11 —	49605	49880
12 —	49160	49460
13 —	48715	49040
14 —	48270	48620
15 —	47825	48200
16 —	47380	47780
17 —	46935	47360
18 —	46490	46940
19 —	46045	46520
20 —	45600	46100

5 FR. 50 CENT. LE KILO.	DOUBLES 1 fr.	DOUBLES 1 fr. 25.	DOUBLES 1 fr. 50.
1 pour 0/0...	54550	54575	54600
2 — ..	54100	54150	54200
3 — ..	53650	53725	53800
4 — ..	53200	53300	53400
5 — ..	52750	52875	53000
6 — ..	52300	52450	52600
7 — ..	51850	52025	52200
8 — ..	51400	51600	51800
9 — ..	50950	51175	51400
10 — ..	50500	50750	51000
11 — ..	50050	50325	50600
12 — ..	49600	49900	50200
13 — ..	49150	49475	49800
14 — ..	48700	49050	49400
15 — ..	48250	48625	49000
16 — ..	47800	48200	48600
17 — ..	47350	47775	48200
18 — ..	46900	47350	47800
19 — ..	46450	46925	47400
20 — ..	46000	46500	47000

5 Fr. 55 Cent. LE KILO.	DOUBLES 1 fr.	DOUBLES 1 fr. 25.	DOUBLES 1 fr. 50.
1 pour 0/0 ...	55045	55070	55095
2 — ..	54590	54640	54690
3 — ..	54135	54210	54285
4 — ..	53680	53780	53880
5 — ..	53225	53350	53475
6 — ..	52770	52920	53070
7 — ..	52315	52490	52665
8 — ..	51860	52060	52260
9 — ..	51405	51630	51855
10 — ..	50950	51200	51450
11 — ..	50495	50770	51045
12 — ..	50040	50340	50640
13 — ..	49585	49910	50235
14 — ..	49130	49480	49830
15 — ..	48675	49050	49425
16 — ..	48220	48620	49020
17 — ..	47765	48190	48615
18 — ..	47310	47760	48210
19 — ..	46855	47330	47805
20 — ..	46400	46900	47400

5 Fr. 60 Cent. LE KILO.	DOUBLES 1 fr.	DOUBLES 1 fr. 25.	DOUBLES 1 fr. 50.
1 pour 0/0...	55540	55565	55590
2 — ..	55080	55130	55180
3 — ..	54620	54695	54770
4 — ..	54160	54260	54360
5 — ..	53700	53825	53950
6 — ..	53240	53390	53540
7 — ..	52780	52955	53130
8 — ..	52320	52520	52720
9 — ..	51860	52085	52310
10 — ..	51400	51650	51900
11 — ..	50940	51215	51490
12 — ..	50480	50780	51080
13 — ..	50020	50345	50670
14 — ..	49560	49910	50260
15 — ..	49100	49475	49850
16 — ..	48640	49040	49440
17 — ..	48180	48605	49030
18 — ..	47720	48170	48620
19 — ..	47260	47735	48210
20 — ..	46800	47300	47800

5 FR. 65 CENT. LE KILO	DOUBLES 1 fr.	DOUBLES 1 fr. 25.	DOUBLES 1 fr. 50.
1 pour 0[0...	56085	56050	56085
2 — ..	55570	55620	55670
3 — ..	55105	55180	55255
4 — ..	54640	54740	54840
5 — ..	54175	54300	54425
6 — ..	53710	53860	54010
7 — ..	53245	53420	53595
8 — ..	52780	52980	53180
9 — ..	52315	52540	52765
10 — ..	51850	52100	52350
11 — ..	51385	51660	51935
12 — ..	50920	51220	51520
13 — ..	50455	50780	51105
14 — ..	49990	50340	50690
15 — ..	49525	49900	50275
16 — ..	49060	49460	49860
17 — ..	48595	49020	49445
18 — ..	48130	48580	49030
19 — ..	47665	48140	48615
20 — ..	47200	47700	48200

5 FR. 70 CENT. LE KILO.	DOUBLES 1 fr.	DOUBLES 1 fr. 25.	DOUBLES 1 fr. 50
1 pour 0/0....	56530	56555	56580
2 — ..	56060	56110	56160
3 — ..	55590	55665	55740
4 — ..	55120	55220	55320
5 — ..	54650	54775	54900
6 — ..	54180	54330	54480
7 — ..	53710	53885	54060
8 — ..	53240	53440	53640
9 — ..	52770	52995	53220
10 — ..	52300	52550	52800
11 — ..	51830	52105	52380
12 — ..	51360	51660	51960
13 — ..	50890	51215	51540
14 — ..	50420	50770	51120
15 — ..	49950	50325	50700
16 — ..	49480	49880	50280
17 — ..	49010	49435	49860
18 — ..	48540	48990	49440
19 — ..	48070	48545	49020
20 — ..	47600	48100	48600

5 Fr. 75 Cent. LE KILO.	DOUBLES 1 fr.	DOUBLES 1 fr. 25.	DOUBLES 1 fr. 50.
1 pour 0/0 . . .	57025	57050	57075
2 — . .	56550	56600	56650
3 — . .	56075	56150	56225
4 — . .	55600	55700	55800
5 — . .	55125	55250	55375
6 — . .	54650	54800	54950
7 — . .	54175	54350	54525
8 — . .	53700	53900	54100
9 — . .	53225	53450	53675
10 — . .	52750	53000	53250
11 — . .	52275	52550	52825
12 — . .	51800	52100	52400
13 — . .	51325	51650	51975
14 — . .	50850	51200	51550
15 — . .	50375	50750	51125
16 — . .	49900	50300	50700
17 — . .	49425	49850	50275
18 — . .	48950	49400	49850
19 — . .	48475	48950	49425
20 — . .	48000	48500	49000

5 FR. 80 CENT. LE KILO.	DOUBLES 1 fr.	DOUBLES 1 fr. 25.	DOUBLES 1 fr. 50
1 pour 0/0...	57520	57545	57570
2 — ..	57040	57090	57140
3 — ..	56560	56635	56710
4 — ..	56080	56180	56280
5 — ..	55600	55725	55850
6 — ..	55120	55270	55420
7 — ..	54640	54815	54990
8 — ..	54160	54360	54560
9 — ..	53680	53905	54130
10 — ..	53200	53450	53700
11 — ..	52720	52995	53270
12 — ..	52240	52540	52840
13 — ..	51760	52085	52410
14 — ..	51280	51630	51980
15 — ..	50800	51175	51550
16 — ..	50320	50720	51120
17 — ..	49840	50265	50690
18 — ..	49360	49810	50260
19 — ..	48880	49355	49830
20 — ..	48400	48900	49400

5 FR. 85 CENT. LE KILO.	DOUBLES 1 fr.	DOUBLES 1 fr. 25.	DOUBLES 1 fr. 50
1 pour 0/0...	58015	58040	58065
2 — ..	57530	57580	57630
3 — ..	57045	57120	57195
4 — ..	56560	56660	56760
5 — ..	56075	56200	56325
6 — ..	55590	55740	55890
7 — .	55105	55280	55455
8 — ..	54620	54820	55020
9 — ..	54135	54360	54585
10 — ..	53650	53900	54150
11 — ..	53165	53440	53715
12 — ..	52680	52980	53280
13 — ..	52195	52520	52845
14 — ..	51710	52060	52410
15 — ..	51225	51600	51975
16 — ..	50740	51140	51540
17 — ..	50255	50680	51105
18 — ..	49770	50220	50670
19 — ..	49285	49760	50235
20 — ..	48800	49300	49800

5 FR. 90 CENT. LE KILO.	DOUBLES 1 fr.	DOUBLES 1 fr. 25.	DOUBLES 1 fr. 50
1 pour 0/0...	58510	58535	58560
2 — ..	58020	58070	58120
3 — ..	57530	57605	57680
4 — ..	57040	57140	57240
5 — ..	56550	56675	56800
6 — ..	56060	56210	56360
7 — ..	55570	55745	55920
8 — ..	55080	55280	55480
9 — ..	54590	54815	55040
10 — ..	54100	54350	54600
11 — ..	53610	53885	54160
12 — ..	53120	53420	53720
13 — ..	52630	52955	53280
14 — ..	52140	52490	52840
15 — ..	51650	52025	52400
16 — ..	51160	51560	51960
17 — ..	50670	51095	51520
18 — ..	50180	50630	51080
19 — ..	49590	50165	50640
20 — ..	49200	49700	50200

5 FR. 95 CENT. LE KILO.	DOUBLES 1 fr.	DOUBLES 1 fr. 25.	DOUBLES 1 fr. 50.
1 pour 0/0 ...	59005	59030	59055
2 — ..	58510	58560	58610
3 — ..	58015	58090	58165
4 — ..	57520	57620	57720
5 — ..	57025	57150	57275
6 — ..	56530	56680	56830
7 — ..	56035	56210	56385
8 — ..	55540	55740	55940
9 — ..	55045	55270	55495
10 — ..	54550	54800	55050
11 — ..	54055	54330	54605
12 — ..	53560	53860	54160
13 — ..	53065	53390	53715
14 — ..	52570	52920	53270
15 — ..	52075	52450	52825
16 — ..	51580	51980	52380
17 — ..	51085	51510	51935
18 — ..	50590	51040	51490
19 — ..	50095	50570	51045
20 — ..	49600	50100	50600

6 FRANCS LE KILO.	DOUBLES 1 fr.	DOUBLES 1 fr. 25.	DOUBLES 1 fr. 50.
1 pour 0/0 . . .	59500	59525	59550
2 — . .	59000	59050	59100
3 — . .	58500	58575	58650
4 — . .	58000	58100	58200
5 — . .	57500	57625	57750
6 — . .	57000	57150	57300
7 — . .	56500	56675	56850
8 — . .	56000	56200	56400
9 — . .	55500	55725	55950
10 — . .	55000	55250	55500
11 — . .	54500	54775	55050
12 — . .	54000	54300	54600
13 — . .	53500	53825	54150
14 — . .	53000	53350	53700
15 — . .	52500	52875	53250
16 — . .	52000	52400	52800
17 — . .	51500	51925	52350
18 — . .	51000	51450	51900
19 — . .	50500	50975	51450
20 — . .	50000	50500	51000

6 FR. 05 CENT. LE KILO.	DOUBLES 1 fr.	DOUBLES 1 fr. 25.	DOUBLES 1 fr. 50.
1 pour 0/0...	59995	60020	60045
2 — ..	59490	59540	59590
3 — ..	58985	59060	59135
4 — ..	58480	58580	58680
5 — ..	57975	58100	58225
6 — ..	57470	57620	57770
7 — ..	56965	57140	57315
8 — ..	56460	56660	56860
9 — ..	55955	56180	56405
10 — ..	55450	55700	55950
11 — ..	54945	55220	55495
12 — ..	54440	54740	55040
13 — ..	53935	54260	54585
14 — ..	53430	53780	54130
15 — ..	52925	53300	53675
16 — ..	52420	52820	53220
17 — ..	51915	52340	52765
18 — ..	51410	51860	52310
19 — ..	50905	51380	51855
20 — ..	50400	50900	51400

6 Fr. 10 Cent. LE KILO	DOUBLES 1 fr.	DOUBLES 1 fr. 25.	DOUBLES 1 fr. 50.
1 pour 0/0...	60490	60515	60540
2 — ..	59980	60030	60080
3 — ..	59470	59545	59620
4 — ..	58960	59060	59160
5 — ..	58450	58575	58640
6 — ..	57940	58090	58240
7 — ..	57430	57605	57780
8 — ..	56920	57120	57320
9 — ..	56410	56635	56860
10 — ..	55900	56150	56400
11 — ..	55390	55665	55940
12 — ..	54880	55180	55480
13 — ..	54370	54695	55020
14 — ..	53860	54210	54560
15 — ..	53350	53725	54100
16 — ..	52840	53240	53640
17 — ..	52330	52755	53180
18 — ..	51820	52270	52720
19 — ..	51310	51785	52260
20 — ..	50800	51300	51800

6 FR. 15 CENT. LE KILO.	DOUBLES 1 fr.	DOUBLES 1 fr. 25.	DOUBLES 1 fr. 50.
1 pour 0/0...	60985	61010	61035
2 — ..	60470	60520	60570
3 — ..	59955	60030	60105
4 — ..	59440	59540	59640
5 — ..	58925	59050	59175
6 — ..	58410	58560	58710
7 — ..	57895	58070	58245
8 — ..	57380	57580	57780
9 — ..	56865	57090	57315
10 — ..	56350	56600	56850
11 — ..	55835	56110	56385
12 — ..	55320	55620	55920
13 — ..	54805	55130	55455
14 — ..	54290	54640	54990
15 — ..	53775	54150	54525
16 — ..	53260	53660	54060
17 — ..	52745	53170	53595
18 — ..	52230	52680	53130
19 — ..	51715	52190	52665
20 — ..	51200	51700	52200

6 FR. 20 CENT. LE KILO.	DOUBLES 1 fr.	DOUBLES 1 fr. 25.	DOUBLES 1 fr. 50.
1 pour 0/0...	61480	61505	61530
2 — ..	60960	61010	61060
3 — ..	60440	60515	60590
4 — ..	59920	60020	60120
5 — ..	59400	59525	59650
6 — ..	58880	59030	59180
7 — ..	58360	58535	58710
8 — ..	57840	58040	58240
9 — ..	57320	57545	57770
10 — ..	56800	57050	57300
11 — ..	56280	56555	56830
12 — ..	55760	56060	56360
13 — ..	55240	55565	55890
14 — ..	54720	55070	55420
15 — ..	54200	54575	54950
16 — ..	53680	54080	54480
17 — ..	53160	53585	54010
18 — ..	52640	53090	53540
19 — ..	52120	52595	53070
20 — ..	51600	52100	52600

6 Fr. 25 Cent. LE KILO.	DOUBLES 1 fr.	DOUBLES 1 fr. 25.	DOUBLES 1 fr. 50.
1 pour 0/0 . . .	61975	62000	62025
2 — . .	61450	61500	61550
3 — . .	60925	61000	61075
4 — . .	60400	60500	60600
5 — . .	59875	60000	60125
6 — . .	59350	59500	59650
7 — . .	58825	59000	59175
8 — . .	58300	58500	58700
9 — . .	57775	58000	58225
10 — . .	57250	57500	57750
11 — . .	56725	57000	57275
12 — . .	56200	56500	56800
13 — . .	55675	56000	56325
14 — . .	55150	55500	55850
15 — . .	54625	55000	55375
16 — . .	54100	54500	54900
17 — . .	53575	54000	54425
18 — . .	53050	53500	53950
19 — . .	52525	53000	53475
20 — . .	52000	52500	53000

6 FR. 30 CENT. LE KILO.	DOUBLES 1 fr.	DOUBLES 1 fr. 25.	DOUBLES 1 fr. 50.
1 pour 0/0...	62470	62495	62520
2 — ..	61940	61990	62040
3 — ..	61410	61485	61560
4 — ..	60880	60980	61080
5 — ..	60350	60475	60600
6 — ..	59820	59970	60120
7 — ..	59290	59465	59640
8 — ..	58760	58960	59160
9 — ..	58230	58455	58680
10 — ..	57700	57950	58200
11 — ..	57170	57445	57720
12 — ..	56640	56940	57240
13 — ..	56110	56435	56760
14 — ..	55580	55930	56280
15 — ..	55050	55425	55800
16 — ..	54520	54920	55320
17 — ..	53990	54415	54840
18 — ..	53460	53910	54360
19 — ..	52930	53405	53880
20 — ..	52400	52900	53400

6 Fr. 35 Cent. LE KILO.	DOUBLES 1 fr.	DOUBLES 1 fr. 25.	DOUBLES 1 fr. 50.
1 pour 0/0 . . .	62965	62990	63015
2 — . .	62430	62480	62530
3 — . .	61895	61970	62045
4 — . .	61360	61460	61560
5 — . .	60825	60950	61075
6 — . .	60290	60440	60590
7 — . .	59755	59930	60105
8 — . .	59220	59420	59620
9 — . .	58685	58910	59135
10 — . .	58150	58400	58650
11 — . .	57615	57890	58165
12 — . .	57080	57380	57680
13 — . .	56545	56870	57195
14 — . .	56010	56360	56710
15 — . .	55475	55850	56225
16 — . .	54940	55340	55740
17 — . .	54405	54830	55255
18 — . .	53870	54320	54770
19 — . .	53335	53810	54285
20 — . .	52800	53300	53800

6 Fr. 40 Cent. LE KILO.	DOUBLES 1 fr.	DOUBLES 1 fr. 25.	DOUBLES 1 fr. 50.
1 pour 0/0...	63460	63485	63510
2 — ..	62920	62970	63020
3 — ..	62380	62455	62530
4 — ..	61840	61940	62040
5 — ..	61300	61425	61550
6 — ..	60760	60910	61060
7 — ..	60220	60395	60570
8 — ..	59680	59880	60080
9 — ..	59140	59365	59590
10 — ..	58600	58850	59100
11 — ..	58060	58335	58610
12 — ..	57520	57820	58120
13 — ..	56980	57305	57630
14 — ..	56440	56790	57140
15 — ..	55900	56275	56650
16 — ..	55380	55760	56160
17 — ..	54840	55245	55670
18 — ..	54300	54730	55180
19 — ..	53760	54215	54690
20 — ..	53200	53700	54200

6 FR. 45 CENT. LE KILO.	DOUBLES 1 fr.	DOUBLES 1 fr. 25.	DOUBLES 1 fr. 50.
1 pour 0/0 . . .	63955	63980	64005
2 — . .	63410	63460	63510
3 — . .	62865	62940	63015
4 — . .	62320	62420	62520
5 — . .	61775	61900	62025
6 — . .	61230	61380	61530
7 — . .	60685	60860	61035
8 — . .	60140	60340	60540
9 — . .	59595	59820	60045
10 — . .	59050	59300	59550
11 — . .	58605	58780	59055
12 — . .	57960	58260	58560
13 — . .	57415	57740	58065
14 — . .	56870	57220	57570
15 — . .	56325	56700	57075
16 — . .	55780	56180	56580
17 — . .	55235	55660	56085
18 — . .	54690	55140	55590
19 — . .	54145	54620	55095
20 — . .	53600	54100	54600

6 Fr. 50 Cent. LE KILO	DOUBLES 1 fr.	DOUBLES 1 fr. 25.	DOUBLES 1 fr. 50.
1 pour 0/0...	64450	64475	64500
2 — ..	63900	63950	64000
3 — ..	63350	63425	63500
4 — ..	62800	62900	63000
5 — ..	62250	62375	62500
6 — ..	61700	61850	62000
7 — ..	61150	61325	61500
8 — ..	60600	60800	61000
9 — ..	60050	60275	60500
10 — ..	59500	59750	60000
11 — ..	58950	59225	59500
12 — ..	58400	58700	59000
13 — ..	57850	58175	58500
14 — ..	57300	57650	58000
15 — ..	56750	57125	57500
16 — ..	56200	56600	57000
17 — ..	55650	56075	56500
18 — ..	55100	55550	56000
19 — ..	54550	55025	55500
20 — ..	54000	54500	55000

6 Fr. 55 Cent. LE KILO.	DOUBLES 1 fr. 25.	DOUBLES 1 fr. 50.	DOUBLES 1 fr. 75.
1 pour 0/0...	64970	64995	65020
2 — ..	64440	64490	64540
3 — ..	63910	63985	64060
4 — ..	63380	63480	63580
5 — ..	62850	62975	63100
6 — ..	62320	62470	62620
7 — ..	61790	61965	62140
8 — ..	61260	61460	61660
9 — ..	60730	60955	61180
10 — ..	60200	60450	60700
11 — ..	59670	59945	60220
12 — ..	59140	59440	59740
13 — ..	58610	58935	59260
14 — ..	58080	58430	58780
15 — ..	57550	57925	58300
16 — ..	57020	57420	57820
17 — ..	56490	56915	57340
18 — ..	55960	56410	56860
19 — ..	55430	55905	56380
20 — ..	54900	55400	55900

6 FR. 60 CENT. LE KILO.	DOUBLES 1 fr. 25.	DOUBLES 1 fr. 50.	DOUBLES 1 fr. 75.
1 pour 0/0 . . .	65465	65490	65515
2 — ..	64930	64980	65030
3 — ..	64395	64470	64545
4 — ..	63860	63960	64060
5 — ..	63325	63450	63575
6 — ..	62790	62940	63090
7 — ..	62255	62430	62605
8 — ..	61720	61920	62120
9 — ..	61185	61410	61635
10 — ..	60650	60900	61150
11 — ..	60115	60390	60665
12 — ..	59580	59880	60180
13 — ..	59045	59370	59695
14 — ..	58510	58860	59210
15 — ..	57975	58350	58725
16 — ..	57440	57840	58240
17 — ..	56905	57330	57755
18 — ..	56370	56820	57270
19 — ..	55835	56310	56785
20 — ..	55300	55800	56300

6 FR. 65 CENT. LE KILO.	DOUBLES 1 fr. 25.	DOUBLES 1 fr. 50.	DOUBLES 1 fr. 75.
1 pour 0/0...	65960	65985	66010
2 — ..	65420	65470	65520
3 — ..	64880	64955	65030
4 — ..	64340	64440	64540
5 — ..	63800	63925	64050
6 — ..	63260	63410	63560
7 — ..	62720	62895	63070
8 — ..	62180	62380	62580
9 — ..	61640	61865	62090
10 — ..	61100	61350	61600
11 — ..	60560	60835	61110
12 — ..	60020	60320	60620
13 — ..	59480	59805	60130
14 — ..	58940	59290	59640
15 — ..	58400	58775	59150
16 — ..	57860	58260	58660
17 — ..	57320	57745	58170
18 — ..	56880	57230	57680
19 — ..	56240	56715	57190
20 — ..	55700	56200	56700

6 Fr. 70 Cent. LE KILO	DOUBLES 1 fr. 25.	DOUBLES 1 fr. 50.	DOUBLES 1 fr. 75.
1 pour 0/0...	66455	66480	66505
2 — ..	65910	65960	66010
3 — ..	65365	65440	65515
4 — ..	64820	64920	65020
5 — ..	64275	64400	64525
6 — ..	63730·	63880	64030
7 — ..	63185	63360	63535
8 — ..	62640	62840	63040
9 — ..	62095	62320	62545
10 — ..	61550	61800	62050
11 — ..	61005	61280	61555
12 — ..	60460	60760	61060
13 — ..	59915	60240	60565
14 — ..	59370	59720	60070
15 — ..	58825	59200	59575
16 — ..	58280	58680	59080
17 — ..	57735	58160	58585
18 — ..	57190	57640	58090
19 — ..	56645	57120	57595
20 — ..	56100	56600	57100

6 Fr. 75 Cent. LE KILO.	DOUBLES 1 fr. 25.	DOUBLES 1 fr. 50.	DOUBLES 1 fr. 75.
1 pour 0/0 . . .	66950	66975	67000
2 — . .	66400	66450	66500
3 — . .	65850	65925	66000
4 — . .	65300	65400	65500
5 — . .	64750	64875	65000
6 — . .	64200	64350	64500
7 — . .	63650	63825	64000
8 — . .	63100	63300	63500
9 — . .	62550	62775	63000
10 — . .	62000	62250	62500
11 — . .	61450	61725	62000
12 — . .	60900	61200	61500
13 — . .	60350	60675	61000
14 — . .	59800	60150	60500
15 — . .	59250	59625	60000
16 — . .	58700	59100	59500
17 — . .	58150	58575	59000
18 — . .	57600	58050	58500
19 — . .	57050	57525	58000
20 — . .	56500	57000	57500

6 Fr. 80 Cent. LE KILO.	DOUBLES 1 fr. 25.	DOUBLES 1 fr. 50.	DOUBLES 1 fr. 75.
1 pour 0/0 ...	67445	67470	67495
2 — ..	66890	66940	66990
3 — ..	66335	66410	66485
4 — ..	65780	65880	65980
5 — ..	65225	65350	65475
6 — ..	64670	64820	64970
7 — ..	64115	64290	64465
8 — ..	63560	63760	63960
9 — ..	63005	63230	63455
10 — ..	62450	62700	62950
11 — ..	61895	62170	62445
12 — ..	61340	61640	61940
13 — ..	60785	61110	61435
14 — ..	60230	60580	60930
15 — ..	59675	60050	60425
16 — ..	59120	59520	59920
17 — ..	58565	58990	59415
18 — ..	58010	58460	58910
19 — ..	57455	57930	58405
20 — ..	56900	57400	57900

6 FR. 85 CENT. LE KILO.	DOUBLES 1 fr. 25.	DOUBLES 1 fr. 50.	DOUBLES 1 fr. 75.
1 pour 0/0...	67940	67965	67990
2 — ..	67380	67430	67480
3 — ..	66820	66895	66970
4 — ..	66260	66360	66460
5 — ..	65700	65825	65950
6 — ..	65140	65290	65440
7 — ..	64580	64755	64930
8 — ..	64020	64220	64420
9 — ..	63460	63685	63910
10 — ..	62900	63150	63400
11 — ..	62340	62615	62890
12 — ..	61780	62080	62380
13 — ..	61220	61545	61870
14 — ..	60660	61010	61360
15 — ..	60100	60475	60850
16 — ..	59540	59940	60340
17 — ..	58980	59405	59830
18 — ..	58420	58870	59320
19 — ..	57860	58335	58810
20 — ..	57300	57800	58300

6 Fr. 90 Cent. LE KILO.	DOUBLES 1 fr. 25.	DOUBLES 1 fr. 50.	DOUBLES 1 fr. 75.
1 pour 0/0...	68435	68460	68485
2 — ..	67870	67920	67970
3 — ..	67305	67380	67455
4 — ..	66740	66840	66940
5 — ..	66175	66300	66425
6 — ..	65610	65760	65910
7 — ..	65045	65220	65395
8 — ..	64480	64680	64880
9 — ..	63915	64140	64365
10 — ..	63350	63600	63850
11 — ..	62785	63060	63335
12 — ..	62220	62520	62820
13 — ..	61655	61980	62305
14 — ..	61090	61440	61790
15 — ..	60525	60900	61275
16 — ..	59960	60360	60760
17 — ..	59395	59820	60245
18 — ..	58830	59280	59730
19 — ..	58265	58740	59215
20 — ..	57700	58200	58700

6 FR. 95 CENT. LE KILO.	DOUBLES 1 fr. 25.	DOUBLES 1 fr. 50.	DOUBLES 1 fr. 75.
1 pour 0/0 . . .	68930	68955	68980
2 — . .	68360	68410	68460
3 — . .	67790	67865	67940
4 — . .	67220	67320	67420
5 — . .	66650	66775	66900
6 — . .	66080	66230	66380
7 — .	65510	65685	65860
8 — . .	64940	65140	65340
9 — . .	64370	64595	64820
10 — . .	63800	64050	64300
11 — . .	63230	63505	63780
12 — . .	62660	62960	63260
13 — . .	62090	62415	62740
14 — . .	61520	61870	62220
15 — . .	60950	61325	61700
16 — . .	60380	60780	61180
17 — . .	59810	60235	60660
18 — . .	59240	59690	60140
19 — . .	58670	59145	59620
20 — . .	58100	58600	59100

7 FRANCS LE KILO.	DOUBLES 1 fr. 50.	DOUBLES 1 fr. 75.	DOUBLES 2 fr.
1 pour 0/0...	69450	69475	69500
2 — ..	68900	68950	69000
3 — ..	68350	68425	68500
4 — ..	67800	67900	68000
5 — ..	67250	67375	67500
6 — ..	66700	66850	67000
7 — ..	66150	66325	66500
8 — ..	65600	65800	66000
9 — ..	65050	65275	65500
10 — ..	64500	64750	65000
11 — ..	63950	64225	64500
12 — ..	63400	63700	64000
13 — ..	62850	63175	63500
14 — ..	62300	62650	63000
15 — ..	61750	62125	62500
16 — ..	61200	61600	62000
17 — ..	60650	61075	61500
18 — ..	60100	60550	61000
19 — ..	59550	60025	60500
20 — ..	59000	59500	60000

7 FR. 05 CENT. LE KILO.	DOUBLES 1 fr. 50.	DOUBLES 1 fr. 75.	DOUBLES 2 fr.
1 pour 0/0 ...	69945	69970	69995
2 — ..	69390	69440	69490
3 — ..	68835	68910	68985
4 — ..	68280	68380	68480
5 — ..	67725	67850	67975
6 — ..	67170	67320	67470
7 — ..	66615	66790	66965
8 — ..	66060	66260	66460
9 — ..	65505	65730	65955
10 — ..	64950	65200	65450
11 — ..	64395	64670	64945
12 — ..	63840	64140	64440
13 — ..	63285	63610	63935
14 — ..	62730	63080	63430
15 — ..	62175	62550	62925
16 — ..	61620	62020	62420
17 — ..	61065	61490	61915
18 — ..	60510	60960	61410
19 — ..	59955	60430	60905
20 — ..	59400	59900	60400

7 Fr. 10 Cent. LE KILO	DOUBLES 1 fr. 50.	DOUBLES 1 fr. 75.	DOUBLES 2 fr.
1 pour 0/0 ...	70440	70465	70490
2 — ..	69880	69930	69980
3 — ..	69320	69395	69470
4 — ..	68760	68860	68960
5 — ..	68200	68320	68450
6 — ..	67640	67790	67940
7 — ..	67080	67255	67430
8 — ..	66520	66720	66920
9 — ..	65960	66185	66410
10 — ..	65400	65650	65900
11 — ..	64840	65115	65390
12 — ..	64280	64580	64880
13 — ..	63720	64045	64370
14 — ..	63160	63510	63860
15 — ..	62600	62975	63350
16 — ..	62040	62440	62840
17 — ..	61480	61905	62330
18 — ..	60920	61370	61820
19 — ..	60360	60835	61310
20 — ..	59800	60300	60800

7 Fr. 45 Cent. LE KILO.	DOUBLES 1 fr. 50.	DOUBLES 1 fr. 75.	DOUBLES 2 fr.
1 pour 0/0...	70935	70960	70985
2 — ..	70370	70420	70470
3 — ..	69805	69880	69955
4 — ..	69240	69340	69440
5 — ..	68675	68800	68925
6 — ..	68110	68260	68410
7 — ..	67545	67720	67895
8 — ..	66980	67180	67380
9 — ..	66415	66640	66865
10 — ..	65850	66100	66350
11 — ..	65285	65560	65835
12 — ..	64720	65020	65320
13 — ..	64155	64480	64805
14 — ..	63590	63940	64290
15 — ..	63025	63400	63775
16 — ..	62460	62860	63260
17 — ..	61895	62320	62745
18 — ..	61330	61780	62230
19 — ..	60765	61240	61715
20 — ..	60200	60700	61200

7 Fr. 20 Cent. LE KILO.	DOUBLES 1 fr. 50.	DOUBLES 1 fr. 75.	DOUBLES 2 fr.
1 pour 0/0...	71430	71455	71480
2 — ...	70860	70910	70960
3 — ...	70290	70365	70440
4 — ...	69720	69820	69920
5 — ...	69150	69275	69400
6 — ...	68580	68730	68880
7 — ...	68010	68185	68360
8 — ...	67440	67640	67840
9 — ...	66870	67095	67320
10 — ...	66300	66550	66800
11 — ...	65730	66005	66280
12 — ...	65160	65460	65760
13 — ...	64590	64915	65240
14 — ...	64020	64370	64720
15 — ...	63450	63825	64200
16 — ...	62880	63280	63680
17 — ...	62310	62735	63160
18 — ...	61740	62190	62640
19 — ...	61170	61645	62120
20 — ...	60600	61100	61600

7 FR. 25 CENT. LE KILO.	DOUBLES 1 fr. 50.	DOUBLES 1 fr. 75.	DOUBLES 2 fr.
1 pour 0/0 . . .	71925	71950	71975
2 — . .	71350	71400	71450
3 — . .	70775	70850	70925
4 — . .	70200	70300	70400
5 — . .	69625	69750	69875
6 — . .	69050	69200	69350
7 — . .	68475	68650	68825
8 — . .	67900	68100	68300
9 — . .	67325	67550	67775
10 — . .	66750	67000	67250
11 — . .	66175	66450	66725
12 — . .	65600	65900	66200
13 — . .	65025	65350	65675
14 — . .	64450	64800	65150
15 — . .	63875	64250	64625
16 — . .	63300	63700	64100
17 — . .	62725	63150	63575
18 — . .	62150	62600	63050
19 — . .	61575	62050	62525
20 — . .	61000	61500	62000

7 FR. 30 CENT. LE KILO.	DOUBLES 1 fr. 50.	DOUBLES 1 fr. 75.	DOUBLES 2 fr.
1 pour 0/0...	72420	72445	72470
2 — ..	71840	71890	71940
3 — ..	71260	71335	71410
4 — ..	70680	70780	70880
5 — ..	70100	70225	70350
6 — ..	69520	69670	69820
7 — ..	68940	69115	69290
8 — ..	68360	68560	68760
9 — ..	67780	68005	68230
10 — ..	67200	67450	67700
11 — ..	66620	66895	67170
12 — ..	66040	66340	66640
13 — ..	65460	65785	66110
14 — ..	64880	65230	65580
15 — ..	64300	64675	65050
16 — ..	63720	64120	64520
17 — ..	63140	63565	63990
18 — ..	62560	63010	63460
19 — ..	61980	62455	62930
20 — ..	61400	61900	62400

7 FR. 35 CENT. LE KILO.	DOUBLES 1 fr. 50.	DOUBLES 1 fr. 75.	DOUBLES 2 fr.
1 pour 0,0...	72915	72940	72965
2 — ..	72330	72380	72430
3 — ..	71735	71820	71895
4 — ..	71160	71200	71360
5 — ..	70575	70700	70825
6 — ..	69990	70140	70290
7 — ..	69405	69580	69755
8 — ..	68820	69020	69220
9 — ..	68235	68460	68685
10 — ..	67650	67900	68150
11 — ..	67065	67340	67615
12 — ..	66480	66780	67080
13 — ..	65895	66220	66545
14 — ..	65310	65660	66010
15 — ..	64725	65100	65475
16 — ..	64140	64540	64940
17 — ..	63555	63980	64405
18 — ..	62970	63420	63870
19 — ..	62385	62860	63335
20 — ..	61800	62300	62800

7 FR. 40 CENT. LE KILO.	DOUBLES 1 fr. 50.	DOUBLES 1 fr. 75.	DOUBLES 2 fr.
1 pour 0/0 ...	73410	73435	73460
2 — ..	72820	72870	72920
3 — ..	72230	72305	72380
4 — ..	71640	71740	71840
5 — ..	71050	71175	71300
6 — ..	70460	70610	70760
7 — ..	69870	70045	70220
8 — ..	69280	69480	69680
9 — ..	68690	68915	69140
10 — ..	68100	68350	68600
11 — ..	67510	67785	68060
12 — ..	66920	67220	67520
13 — ..	66330	66655	66980
14 — ..	65740	66090	66440
15 — ..	65150	65525	65900
16 — ..	64560	64960	65360
17 — ..	63970	64395	64820
18 — ..	63380	63830	64280
19 — ..	62790	63265	63740
20 — ..	62200	62700	63200

7 FR. 45 CENT. LE KILO.	DOUBLES 1 fr. 50.	DOUBLES 1 fr. 75.	DOUBLES 2 fr.
1 pour 0/0...	73905	73930	73955
2 — ..	73310	73360	73410
3 — ..	72715	72790	72865
4 — ..	72120	72220	72320
5 — ..	71525	71650	71775
6 — ..	70930	71080	71230
7 — ..	70335	70510	70685
8 — ..	69740	69940	70140
9 — ..	69145	69370	69595
10 — ..	68550	68800	69050
11 — ..	67955	68230	68505
12 — ..	67360	67660	67960
13 — ..	66765	67090	67415
14 — ..	66170	66520	66870
15 — ..	65575	65950	66325
16 — ..	64980	65380	65780
17 — ..	64385	64810	65235
18 — ..	63790	64240	64690
19 — ..	63195	63670	64145
20 — ..	62600	63100	63600

7 FR. 50 CENT. LE KILO.	DOUBLES 1 fr. 50.	DOUBLES 1 fr. 75.	DOUBLES 2 fr.
1 pour 0/0...	74400	74425	74450
2 — ..	73800	73850	73900
3 — ..	73200	73275	73350
4 — ..	72600	72700	72800
5 — ..	72000	72125	72250
6 — ..	71400	71550	71700
7 — ..	70800	70975	71150
8 — ..	70200	70400	70600
9 — ..	69600	69825	70050
10 — ..	69000	69250	69500
11 — ..	68400	68675	68950
12 — ..	67800	68100	68400
13 — ..	67200	67525	67850
14 — ..	66600	66950	67300
15 — ..	66000	66375	66750
16 — ..	65400	65800	66200
17 — ..	64800	65225	65650
18 — ..	64200	64650	65100
19 — ..	63600	64075	64550
20 — ..	63000	63500	64000

7 Fr. 55 Cent. LE KILO.	DOUBLES 1 fr. 50.	DOUBLES 1 fr. 75.	DOUBLES 2 fr.
1 pour 0/0 . . .	74895	74920	74945
2 — . .	74290	74340	74390
3 — . .	73685	73760	73835
4 — . .	73080	73180	73280
5 — . .	72475	72600	72725
6 — . .	71870	72020	72170
7 — . .	71265	71440	71615
8 — . .	70660	70860	71060
9 — . .	70055	70280	70505
10 — . .	69450	69700	69950
11 — . .	68845	69120	69395
12 — . .	68240	68540	68840
13 — . .	67635	67960	68285
14 — . .	67030	67380	67730
15 — . .	66425	66800	67175
16 — . .	65820	66220	66620
17 — . .	65215	65640	66065
18 — . .	64610	65060	65510
19 — . .	64005	64480	64955
20 — . .	63400	63900	64400

7 FR. 60 CENT. LE KILO	DOUBLES 1 fr. 50.	DOUBLES 1 fr. 75.	DOUBLES 2 fr.
1 pour 0/0 . . .	75390	75415	75440
2 — . .	74780	74830	74880
3 — . .	74170	74245	74320
4 — . .	73560	73660	73760
5 — . .	72950	73075	73200
6 — . .	72340	72490	72640
7 — . .	71730	71905	72080
8 — . .	71120	71320	71520
9 — . .	70510	70735	70960
10 — . .	69900	70150	70400
11 — . .	69290	69565	69840
12 — . .	68680	68980	69280
13 — . .	68070	68395	68720
14 — . .	67460	67810	68160
15 — . .	66850	67225	67600
16 — . .	66240	66640	67040
17 — . .	65630	66055	66480
18 — . .	65020	65470	65920
19 — . .	64410	64885	65360
20 — . .	63800	64300	64800

7 FR. 65 CENT. LE KILO.	DOUBLES 1 fr. 50.	DOUBLES 1 fr. 75.	DOUBLES 2 fr.
1 pour 0/0...	75885	75910	75935
2 — ..	75270	75320	75370
3 — ..	74655	74730	74805
4 — ..	74040	74140	74240
5 — ..	73425	73550	73675
6 — ..	72810	72960	73110
7 — ..	72195	72370	72545
8 — ..	71580	71780	71980
9 — ..	70965	71190	71415
10 — ..	70350	70600	70850
11 — ..	69735	70010	70285
12 — ..	69120	69420	69720
13 — ..	68505	68830	69155
14 — ..	67890	68240	68590
15 — ..	67275	67650	68025
16 — ..	66660	67060	67460
17 — ..	66045	66470	66895
18 — ..	65430	65880	66330
19 — ..	64815	65290	65765
20 — ..	64200	64700	65200

7 Fr. 70 Cent. LE KILO.	DOUBLES 1 fr. 50.	DOUBLES 1 fr. 75.	DOUBLES 2 fr.
1 pour 0/0...	76380	76405	76430
2 — ..	75760	75810	75860
3 — ..	75140	75215	75290
4 — ..	74520	74620	74720
5 — ..	73900	74025	74150
6 — ..	73280	73430	73580
7 — ..	72660	72835	73010
8 — ..	72040	72240	72440
9 — ..	71420	71645	71870
10 — ..	70800	71050	71300
11 — ..	70180	70455	70730
12 — ..	69560	69860	70160
13 — ..	68940	69265	69590
14 — ..	68320	68670	69020
15 — ..	67700	68075	68450
16 — ..	67080	67480	67880
17 — ..	66460	66885	67310
18 — ..	65840	66290	66740
19 — ..	65220	65695	66170
20 — ..	64600	65100	65600

7 FR. 75 CENT. LE KILO.	DOUBLES 1 fr. 50.	DOUBLES 1 fr. 75.	DOUBLES 2 fr.
1 pour 0/0 ...	76875	76900	76925
2 — ..	76250	76300	76350
3 — ..	75625	75700	75775
4 — ..	75000	75100	75200
5 — ..	74375	74500	74625
6 — ..	73750	73900	74050
7 — ..	73125	73300	73475
8 — ..	72500	72700	72900
9 — ..	71875	72100	72325
10 — ..	71250	71500	71750
11 — ..	70625	70900	71175
12 — ..	70000	70300	70600
13 — ..	69375	69700	70025
14 — ..	68750	69100	69450
15 — ..	68125	68500	68875
16 — ..	67500	67900	68300
17 — ..	66875	67300	67725
18 — ..	66250	66700	67150
19 — ..	65625	66100	66575
20 — ..	65000	65500	66000

7 Fr. 80 Cent. LE KILO	DOUBLES 1 fr. 50.	DOUBLES 1 fr. 75.	DOUBLES 2 fr.
1 pour 0/0 ...	77370	77395	77420
2 — ..	76740	76790	76840
3 — ..	76110	76185	76260
4 — ..	75480	75580	75680
5 — ..	74850	74975	75100
6 — ..	74220	74370	74520
7 — ..	73590	73765	73940
8 — ..	72960	73160	73360
9 — ..	72330	72555	72780
10 — ..	71700	71950	72200
11 — ..	71070	71345	71620
12 — ..	70440	70740	71040
13 — ..	69810	70135	70460
14 — ..	69180	69530	69880
15 — ..	68550	68925	69300
16 — ..	67920	68320	68720
17 — ..	67290	67715	68140
18 — ..	66660	67110	67560
19 — ..	66030	66505	66980
20 — ..	65400	65900	66400

7 FR. 85 CENT. LE KILO.	DOUBLES 1 fr. 50.	DOUBLES 1 fr. 75.	DOUBLES 2 fr.
1 pour 0/0...	77865	77890	77915
2 — ..	77230	77280	77330
3 — ..	76595	76670	76745
4 — ..	75960	76060	76160
5 — ..	75325	75450	75575
6 — ..	74690	74840	74990
7 — ..	74055	74230	74405
8 — ..	73420	73620	73820
9 — ..	72785	73010	73235
10 — ..	72150	72400	72650
11 — ..	71515	71790	72065
12 — ..	70880	71180	71480
13 — ..	70245	70570	70895
14 — ..	69610	69960	70310
15 — ..	68975	69350	69725
16 — ..	68340	68740	69140
17 — ..	67705	68130	68555
18 — ..	67070	67520	67970
19 — ..	66435	66910	67385
20 — ..	65800	66300	66800

7 FR. 90 CENT. LE KILO.	DOUBLES 1 fr. 50.	DOUBLES 1 fr. 75.	DOUBLES 2 fr.
1 pour 0/0...	78360	78385	78410
2 — ..	77720	77770	77820
3 — ..	77080	77155	77230
4 — ..	76440	76540	76640
5 — ..	75800	75925	76050
6 — ..	75160	75310	75460
7 — ..	74520	74695	74870
8 — ..	73880	74080	74280
9 — ..	73240	73465	73690
10 — ..	72600	72850	73100
11 — ..	71960	72235	72510
12 — ..	71320	71620	71920
13 — ..	70680	71005	71330
14 — ..	70040	70390	70740
15 — ..	69400	69775	70150
16 — ..	68760	69160	69560
17 — ..	68120	68545	68970
18 — ..	67480	67930	68380
19 — ..	67840	67315	67790
20 — ..	66200	66700	67200

7 FR. 95 CENT. LE KILO.	DOUBLES 1 fr. 50.	DOUBLES 1 fr. 75.	DOUBLES 2 fr.
1 pour 0/0 ...	78855	78880	78905
2 — ..	78210	78260	78310
3 — ..	77565	77640	77715
4 — ..	76920	77020	77120
5 — ..	76275	76400	76525
6 — ..	75630	75780	75930
7 — ..	74985	75160	75335
8 — ..	74340	74540	74740
9 — ..	73695	73920	74145
10 — ..	73050	73300	73550
11 — ..	72405	72680	72955
12 — ..	71760	72060	72360
13 — ..	71115	71440	71765
14 — ..	70470	70820	71170
15 — ..	69825	70200	70575
16 — ..	69180	69580	69980
17 — ..	68535	68960	69385
18 — ..	67890	68340	68790
19 — ..	67245	67720	68195
20 — ..	66600	67100	67600

8 FRANCS LE KILO	DOUBLES 1 fr. 50.	DOUBLES 1 fr. 75.	DOUBLES 2 fr.
1 pour 0/0...	79350	79375	79400
2 — ..	78700	78750	78800
3 — ..	78050	78125	78200
4 — ..	77400	77500	77600
5 — ..	76750	76875	77000
6 — ..	76100	76250	76400
7 — ..	75450	75625	75800
8 — ..	74800	75000	75200
9 — ..	74150	74375	74600
10 — ..	73500	73750	74000
11 — ..	72850	73125	73400
12 — ..	72200	72500	72800
13 — ..	71550	71875	72200
14 — ..	70900	71250	71600
15 — ..	70250	70625	71000
16 — ..	69600	70000	70400
17 — ..	68950	69375	69800
18 — ..	68300	68750	69200
19 — ..	67650	68125	68600
20 — ..	67000	67500	68000